DANIEL BUINAC

Dovoljno odstojanje

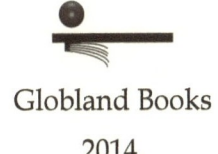

Globland Books
2014.

Izdavač: Globland Books

ISBN 978-0-9930386-0-0

Copyright 2014 Daniel Buinac

Sadržaj

Slučajan izlog

duga će biti ovo noć 7
pojeo sam klavir svoga komšije 8
već tri godine ne gledam 9
meni se ne morate pravdati 10
tvoja mi senka sugeriše sporu vožnju 11
u ovom filmu 12
imaj još malo strpljenja 13
jutarnja kafa 14

Dovoljno odstojanje

(Možda lutamo prazninom) 17
(Totalni bluz) 18
(Osmeh iz tačke na papiru) 19
(Ona je pasivna) 20
Hladna noć 21
(Nadalje sam vrlo dobro) 22
Trag 23
Ono 24
Gde sam 25
Pred razmišljanje 26
Kao oko 27
Cedilo (ime kolone) 28
I mi 29
Okretanje 30
Do pravde 31
Crtež uz pesmu 32
Vezivanje čvora 33
(kradem slike iz očiju prolaznika) 34

Točak u čamcu

Saplitanje ... 36
Prikradanje 42. dana ... 37
Isecanje scene ... 38
Pričanje maske ... 39
Ugledana žena ... 40
U gostima ... 41
Krtičnjak ... 42
(tako me gađaju i mršava kolena) ... 43
Ona je davljenik ... 44
(da tu budem i ja) ... 45
(svaka stvar u ovoj sobi) ... 46
Krhotine ... 47

Pohvale krhotinama

i ovu noć ... 49
pogled unazad ... 50
ništa se nije promenilo ... 51
hrane moj nemir ... 52
ljudi ... 53
bilo je i toga ... 54
skica za nemir ... 55
savest ... 56
poslednji talas ... 57
pre kajanja ... 58
druga noć ... 59

Dovoljno odstojanje

Slučajan izlog

duga će biti ovo noć

duga će biti ovo noć
samo da već počne jednom
sa svim nepoznatim uglovima
u kojima čuče požutele fotografije

spremne da skoče i izbace kandže
i ostave tragove
tople
vidljive tek sutra

duga će biti ovo noć
sa svim belim papirima
koje treba da ispiše
ne znam ko

a koji će da mi se čitaju
ujutro
kao presuda
pre kafe i umivanja

pojeo sam klavir svoga komšije

pojeo sam klavir svoga komšije
danas oko šest
kad je treći put udario falš
da li su to uočili odgovorni

posle ovih jesenjih kiša
vodostaj ih najviše brine
teško je znam
ali meni to ide na ruku

a i klavir je ionako bio star
možda komšija i nije kriv
tu je i štimer naravno
koga onda treba da peče savest

slušam prognozu
kažu biće još kiše
nije lako znam
ali meni to ide na ruku

već tri godine ne gledam

već tri godine ne gledam
u ogledalo
nekako su mi ruke dovoljne
da se ocenim

osetim
od toga dobijem tremu
kao pred nastup u Domu kulture
daleke osamdesetineke

možda su to prvi znaci kajanja
bar da sam pre toga pogrešio
bilo bi mi jasnije
mislim

đavo bi ga znao
ali tri godine su dovoljne
da se otreznim
bar da sam pre toga pio

meni se ne morate pravdati

meni se ne morate pravdati
dovoljan će biti samo zagrljaj
onima što nas ne poznaju
biće čudno posle nevažno

gledajte me samo u oči
kad bih mogao da zapamtim svaki sekund
da li je to usiljen smeh
ili smo svi samo malo kiseli

biće da nismo pripremljeni
žudnja je bila teška
možda na kraju kratka
posle će sve biti drugačije

ni vi ni ja nismo krivi
ili smo sami krivi onoliko
koliko krivimo druge
sad je svejedno

bol nećemo da upoređujemo
svi smo dobro vaspitani
i ako prva suza bude moja
sakriću je ili podeliti

tvoja mi senka sugeriše sporu vožnju

tvoja mi senka sugeriše sporu vožnju
a tek sam na pola puta
tamo mi je negde odredište
izgleda mi kao da kasnim

to je sigurno zbog prokletih sinusa
čim stigne proleće
otopim se i sam
sa snegovima

i onda sam nervozan
neoprezna mačka
kočnica pa gas
i više te nema

pokušavam da se smirim
na radiju pesma
o toploj postelji
i lepoj ženi

u ovom filmu

u ovom filmu
ti treba da se stidiš
rukama da skrivaš svoje telo
čista da se plašiš

a ne da jezikom skupljaš
kapi kiše sa prozora
ne da razbijaš prepodnevnu idilu
pričom o njima

kakvi su bili
i koliko ti je koji bio drag
ne da popiješ tri
dok ja jedno

ne da se smeješ
dok pokušavam da ti objasnim
kakva treba da budeš
ne da me razočaranog tešiš

imaj još malo strpljenja

imaj još malo strpljenja
sam sam
i počinjem da histerišem
uhvatio sam se malopre

za tačku na zidu
i obuzeo me neki nemiran duh
bojim se da ne dobijem čir
kao da govorim nekom drugom

imaj još malo strpljenja
svetla će sama da se ugase
shvatićeš kako ja to gledam
stvari oko sebe

jutarnja kafa

jutarnja kafa
briše neprospavanu noć
napolju kiša otapa prve moćne snegove
posle mnogo godina

predaja bez borbe
iz sna mi se još uvek neko smeje
a ruku na ramenu
već sam zaboravio

kažem ubio si mi nadu
da li se i ja smejem
ili je to privid
koji hrabri moje nemire

kažem pobedio si me već na startu
zar je onda zanimljivo doživeti
trijumfalni prolaz kroz cilj
nije li lakše zaustaviti vreme

posle kafe druga
obnavljanje impresije
kiša i dalje pada
kažem drago mi je zbog tebe

svakako treba pojasniti neke stavove
možda snegu dati šansu
mada bi i on morao biti zadovoljan
jer ne sećam se da je ikad bio toliki

Dovoljno odstojanje

***

Možda lutamo prazninom.
Ostavljeni,
možda se i ne pomeramo.
Možda sanjamo.
Glasove.
Imena.
Mirise.
Prljamo jedni druge rukama.
Gazimo se rečima.
Sudaramo u vakuumu.
Možda srećni.
Zatvorenih očiju,
da li smo još tu?

***

Totalni bluz.
Poljubac pogledom i
zgažena cigareta.
Telo u vazduhu.
Miris borova.
A sutra?

Nestaješ u dimu.
Ko god da si...
Surovi ceremonijal zaborava.
Kataklizma snova.
Nesporazum.
A sutra?

Sunovrat principa.
Susret na ulici.
Panika.
Obostrani poraz.
Bluz.
A juče?

***

Osmeh iz tačke na papiru.
Prljavi uslovi predaje.
Magija poraza i besmislenost
osvete.

Ne prestaje da me gleda.
Prazna.
Sašivena od krpa.
Ćuti.

Postajem tesan
u prostoru koji se topi.
Ona zeva.
Miriše na Kalemegdan.

Ne gledam a znam.
Sklapa oči.
Kasno je za razgovor.
Napolju kiša.

***

Ona je pasivna,
nebo je bledo,
slike su ledene
i koči me vrat.
Ne spava joj se.
Okovi su teški.
Nisam grub. Pomeraju se
konture na zidovima. Plače.
Sladak ukus krvi,
u njenim rukama potreba
za razumevanjem.
Smeh. Odlazim.
Neizrečenu utehu odnose kapi kiše.

Hladna noć

Naslućene težine sna
pošteđen i
beo,
uplašen krikom,
krajevima primaknut
iluziji želje,
neostvaren po zamisli,
pocepan i bačen,
sred životne buke
uništen tišinom,
umoran i dubok.
Miris straha
je bistar i
slan.
U tami,
nevinim me očima
slepilo moje
iz ugla posmatra.

***

Nadalje sam vrlo dobro
i očekujem da mi uskoro

samo u košulji,
sa satom od pristanka na jeziku
i obalom ispruženih ruku

priđeš i kažeš
ja sam

Trag

hod do ponora
po obranim poljima pljuvačke
ne gasne žeđ za ludilom
i tone pramen detalja
u stidne dlake ogledala
na ispraćaju muka
tek sam poneku mislio da kažem

let do dna
gomilica ovčija
i stihova retki gosti
da pravdaju smrad
čekam da izraste
da šta je bilo prepozna

Ono

prstima sputanim lepkom
vraćaju perje ogoljenoj niti
dok otresaju ruke
nemoć pred svrabom
krivi im lica
na usnama im priča o kvočki
okolo postiđeni
smeh prolaznika

Gde sam

Kažu da počinje suđenje
u ovoj sobi i nema ništa
ispod prašine
nešto po novinama
tragova - čekam
odgovor su autobusi puni semenja
koje će gnojiti zemlju
umesto da raste iz nje

Iznutra su mravu narasli zubi
da kad mi presude počne večera
ako nešto i ostane
papir je uvek spreman da ukrade
(tada) počinje osvajanje priče

Pred razmišljanje

kopao sam zemlju
iz prljavštine među nožnim prstima
izrastao je hrast
sad namamljene svinje čekaju plod
pod mojom senkom
obilaze me znanci
razmenimo sećanja
otkinu list
savetuju
lice im je uvek u grču
zbog smrada razumem
naslone se na mene
svojim toplim rukama
i stoje
gledaju u moje korenje
ne zameram ni pričama
o selidbi

Kao oko

kada neće reči
samoća nudi drven izvor
iskrive ti vrat
i naučiš da sisaš
seti se Bušmana
njihovo je srastanje krilato

kad je reči na pretek
samotna je nada u smisao
kriviš vrat da dosegneš
i naučiš da biraš
seti se Bušmana
njihov je horizont (stidljiv)

Cedilo (ime kolone)

plavo lice dna
sa čunjevima od soli
na koje bacam kugle vode
nebo je cigla, izmet i cveće
pa je kišnica za valjanje dobra

pod mostom izduvani oblak
pod oblačnim točkovima most
pod uvaljanom kišnicom točak
pa je i avgust plav
kritično kolonjski plav

I mi

dolaze li pred kuću
ubrani panjevi (blatnjavih
oblaka stubovi) da sećanje
izvorom učine
i napoje se
pred kuću godova svojih
da ništa drugo i ne nađu
dolaze li

Okretanje

kada smo odlascima kupovali,
praznini šijući džepove
da ostavljeni zavlače ruke
i troše što se dohvatiti
ne može,
a toplo je, zajedničko,
slepo za vreme
i uvek iza
(jer kako bi se, u suprotnom,
okretali)

Do pravde

izmerismo među i
iščistismo svaki na svome
zemlju ispod noktiju.
i popismo.
baš kako treba.
kad gorko
nebo nazdravi gromko
znasmo;
opet će padati slike

Crtež uz pesmu

dolazim svaki dan
jedem osušene talase
krompirovog soka
menjane za tri strofe skica
i strepim

njihove debele uši oblizuju reči
oni to zovu bluz
(gladni su moje gladi)

Vezivanje čvora

koliko smo brzo izgradili most
dugačak sedam godina
i kako je temeljno stradao grad
pod našom dobrom voljom
državni praznik
sa govornikom na trgu
stranci sa besprekornom upornošću
i miris mladosti
pred jutro su nam kurve
plaćale piće

***

kradem slike iz očiju prolaznika
prazna platna ili započete skice
od praznina šijem jedro
od početaka pravim vetar
i idem dalje
moji su izvori izdašni
moje su odluke lake

Točak u čamcu

Saplitanje

mešaš po paleti zvukova
govorljive su
pratim te nastavi
govorljive su kažeš
i močiš prste
do prvih bora
govorljive su tek na platnu
kažeš
dok se sapliću, da,
rastu i već vidim
na mestu odakle si ih uzela
vidim prazninu osećam
(osećam)
tvoje prste do prvih bora
u pupku među očima

Prikradanje 42. dana

zgužvana limenka
na putu do Holandije
(tamo dojke mažu margarinom)
ostaviće trag u prašini

kad ga nađem
između mene i tvoje ruke
tvojih usta
biće još samo vreme

(da si rekao mogla sam
i ja to da uradim)
ako padne kiša, 42. noć ili vetar
(ovde u Kinšasi sve mi to
iz bradavica curi)
izgubiću te zauvek

Isecanje scene

kad sam gledao kroz prozor
u pravcu prosjakovog psa.
ispred je bila cimetom začinjena jabuka
(poklon tvoje mame) i letnji pljusak.
posle ćeš ući sa uhranjenim kolima.
prebrzo.
voda će ga probuditi.
na izlasku,

pre nego što padne slika,
učim njuh.

Pričanje maske

dok pletemo tvoje mleko
priča je o prepoznavanju njuhom
koristiš reč "opna"
sa jezikom na gornjoj šestici

dok se širimo tvojim telom
na trgu usne u lokvama
moja "ošišana mašna"
bolje provocira površinu vode
(ti si probala "duborez")

dok nam rastu tvoji vrhovi
drhtaji nose "točak u čamcu"
do grimase
koju sama pričaš
(da li smo to vodili ljubav?)

Ugledana žena

nedeljom perje iz pluća
prostire
(ne bira pod spavaće sobe
već orah, dlan
i mahovinu)
i traži
minute čoveka u sebi

na dovoljnom odstojanju
plavi su prozori
njene sobe
jednako vlažni i duboki
kao i ostali

U gostima

dok me čekaju, njihove trave
liče jedna na drugu (iste su)
meso i puding - njihova tela
vajara, molim!
smeje mi se ruka dok diram

ne izlazim odavde
ovde je keramika proverena
i šolja je na pogodnoj visini
a ogledalo primereno kolinosu i azulinu
osećam im miris iz tuš kabine
punim džepove kosom
(troše se)

Krtičnjak

otvori mi stomak
kad svi odu
(kad svi napokon odu)
i uđi jezikom
žene BEZ ODRAZA
Voringa Kjunija

duboko unutra
pronađi sebe među svima njima
i pogledaj se
(ostavi me)

***

tako me gađaju i mršava kolena
ramova slika
za kojima si posegnula
svojom celosti i širinom
trenutak pre svega
što mi se ikada dogodilo

Ona je davljenik

Dok je stol prazan
u sobi bez svetla
dok su prozori važni
i udarci kiše
Ona se davi

Ona se davi
u prostoru između kuhinje i prošlosti
Znamo li ko je?

Davljenik.
Škrta je sa gomilanjem reči,
jer svaka reč za sebe znači mnogo.
Ona je davljenik.

***

da tu budem i ja
da ti kosom vezujem noć
za misli o snu
da mi neguješ tišinu
na dlanovima
nema prošlosti u zidovima sobe
i lice ti se samo nazire

***

svaka stvar u ovoj sobi
vrišti na mene
ti si ih dodirnula
ja sam grimasa
koja se uvija pod zvucima
i moj je stomak pun
zajedničkih rakova
novost su ugarci koji pišu po nebu
i ne vidim dalje od buke

Krhotine

kažeš;
moja je slika puna krhotina
vetar;
klimav je sto pod vašim rukama
vaši su tronošci hromi
i zemlja pod njima je pijana
ili trula
nastavljaš;
one ne stare i ne umiru
muzika me boli kao i tišina
tvoje su reči bonaca
a vetar je tu
vetar;
njene su reči sede
vaša je rečenica
ti;
nedaj mu da završi (reci)

iako znam da si već otišla
kažem;
moje su krhotine pune slika

Pohvale krhotinama

i ovu noć

brod od lipe pod mojim prozorom
sa jedrima od samog vetra tkanim
i mokrom palubom od nestrpljenja
to se vraćam kući

pogled unazad

jecaj prigušen
ogrtačem u zadnjem kupeu voza
ključ za roman u glibu
jelo što otvara vrata
iza kojih se Ništa
udobno prostire

ništa se nije promenilo

tek poneko zrno prašine
gonjeno vetrom iz nozdrva
padne na sećanje
i onda kad jednog dana
više ništa ne vidiš
pitaš se koliko si to već puta
izdahnuo

hrane moj nemir

pospani ljudi sa i bez ruku
beton očima
zapliću mislima
jezikom hranu po ustima premeću
a reči iz džepova vade

ljudi

kao kad ti kažu da reči nisu bitne
popušiš dve pa si žedniji nego pre
a njih se i ne sećaš

bilo je i toga

tišinom hora iz godine praznine
u godinu vakuuma
u rukama starca
još stariji mesec
izvađen iz mreže

skica za nemir

oprane ulice grada
u noći izmišljene stvarnosti
gologlave pesme
i tišina zamračenih prozora
do jauka svetla

savest

probudio sam se bez krila
i na zemlji mokroj od mog straha
sa veslom od kartona u zubima
i do polovine sećanja kriv

poslednji talas

kao skitnica sa lica zemlje
bez pomena
pod njim greben
samo naizgled osta nepromenjen

pre kajanja

soba kao pučina, bez vrata
u njoj oči, miris sapuna
i sat još na ruci
leđa
na samom kraju druge polovine kreveta
more guta brodska svetla

druga noć

vetar u utrobi lipe
sve je kao prvi put
sve kao ognjište
do pucnja zore toplina odgovora
rastežem sećanje

www.ingramcontent.com/pod-product-compliance
Lightning Source LLC
Chambersburg PA
CBHW032052290426
44110CB00012B/1052